Impressum
Verlag: BABADADA GmbH, Nedderfeld 112 , 22529 Hamburg
Geschäftsführer / Verlagsleitung: Harald Hof
Druck: Books on Demand GmbH, In de Tarpen 42, 22848 Norderstedt

Imprint
Publisher: BABADADA GmbH, Nedderfeld 112 , 22529 Hamburg, Germany
Managing Director / Publishing direction: Harald Hof
Print: Books on Demand GmbH, In de Tarpen 42, 22848 Norderstedt, Germany

教室
klases telpa

除
dalīt

186/2

黑板
tāfele

校园
skolas pagalms

老师
skolotājs

纸
papīrs

书写
rakstīt

钢笔
pildspalva

办公桌
rakstāmgalds

直尺
lineāls

书
grāmata

学生
skolēns

书包

skolas soma

铅笔盒

penālis

铅笔

zīmulis

卷笔刀

zīmuļu asināmais

橡皮擦

dzēšgumija

画板

zīmēšanas bloks

图画

zīmējums

画笔

ota

颜料盒

krāsas

剪刀

šķēres

胶水

līme

练习册

darba burtnīca

家庭作业

mājas darbs

数字

skaitlis

加

saskaitīt

减

atņemt

乘

reizināt

计算

rēķināt

字母

burts

字母表

alfabēts

字

vārds

课文

teksts

读

lasīt

粉笔

krīts

上课

mācību stunda

登记

žurnāls

考试

eksāmens

证书

liecība

校服

skolas forma

教育

izglītība

百科全书

enciklopēdija

大学

universitāte

显微镜

mikroskops

地图

karte

废纸筐

papīrgrozs

酒店
viesnīca

青年旅社
hostelis

外币兑换处
valūtas maiņas punkts

手提箱
čemodāns

汽车
automašīna

语言
Valoda

是/否
jā / nē

好的
Okay

您好
Sveiki!

翻译员
tulks

谢谢
paldies

……多少钱？

Cik maksā...?

我不明白

Es nesaprotu

问题

problēma

晚上好！

Labvakar!

早上好！

Labrīt!

晚安！

Ar labu nakti!

再见

Uz redzēšanos

方向

virziens

行李

bagāža

包

soma

双肩包

mugursoma

客人

viesis

房间

istaba

睡袋

guļammaiss

帐篷

telts

旅游信息

tūrisma informācija

海滩

pludmale

信用卡

kredītkarte

早餐

brokastis

午餐

pusdienas

晚餐

vakariņas

票

biļete

电梯

lifts

邮票

pastmarka

边界

robeža

海关

muita

大使馆

vēstniecība

签证

vīza

护照

pase

飞机
lidmašīna

船
kuģis

消防车
ugunsdzēsēju mašīna

公交车
autobuss

卡车
kravas automašīna

汽艇
motorlaiva

自行车
velosipēds

汽车
automašīna

摆渡船

prāmis

小船

laiva

摩托车

motocikls

警车

policijas automašīna

赛车

sacīkšu automobilis

租车

nomas auto

拼车

auto koplietošana

拖车

evakuators

垃圾车

atkritumu mašīna

发动机

dzinējs

汽油

benzīns

加油站

degvielas uzpildes stacija

交通标志

ceļa zīme

交通

satiksme

交通堵塞

sastrēgums

停车场

stāvvieta

火车站

dzelzceļa stacija

轨道

sliedes

火车

vilciens

电车

tramvajs

货车

vagons

直升机
helikopters

机场
lidosta

塔
tornis

乘客
pasažieris

集装箱
konteiners

纸板箱
kaste

手推车
ratiņi

篮子
grozs

起飞/降落
pacelties / nosēsties

# 城市
## pilsēta

村庄
ciems

市中心
pilsētas centrs

房子
māja

电影院
kinoteātris

广告
reklāma

路灯
laterna

街道
iela

出租车
taksometrs

小吃店
kiosks

行人
gājējs

人行道
trotuārs

十字路口
krustojums

斑马线
gājēju pāreja

垃圾箱
atkritumu tvertne

红绿灯
luksofors

小屋
būda

公寓
dzīvoklis

火车站
dzelzceļa stacija

市政厅
rātsnams

博物馆
muzejs

学校
skola

大学

universitāte

银行

banka

医院

slimnīca

酒店

viesnīca

药房

aptieka

办公室

birojs

书店

grāmatnīca

商店

veikals

花店

ziedu veikals

超市

lielveikals

市场

tirgus

百货商店

tirdzniecības centrs

鱼店

zivju tirgotājs

购物中心

tirdzniecības centrs

海港

osta

公园

parks

长凳

sols

桥

tilts

楼梯

kāpnes

地铁

metro

隧道

tunelis

公交车站

autobusa pieturvieta

酒吧

bārs

餐馆

restorāns

邮筒

pastkastīte

路标

ielas nosaukuma plāksne

停车计时器

stāvlaika skaitītājs

动物园

zooloģiskais dārzs

游泳馆

peldbaseins

清真寺

mošeja

农场

zemnieku saimniecība

污染

vides piesārņojums

墓地

kapsēta

教堂

baznīca

操场

spēļu laukums

寺庙

templis

# 地形

## ainava

树叶
lapa

指示牌
ceļrādis

路
ceļš

草地
pļava

石头
akmens

树
koks

徒步旅行者
ceļotājs

河
upe

草
zāle

花
puķe

峡谷

ieleja

山

kalns

湖

ezers

森林

mežs

沙漠

tuksnesis

火山

vulkāns

城堡

pils

彩虹

varavīksne

蘑菇

sēne

棕榈树

palma

蚊子

moskīts

苍蝇

muša

蚂蚁

skudra

蜜蜂

bite

蜘蛛

zirneklis

甲虫

vabole

青蛙

varde

松鼠

vāvere

刺猬

ezis

野兔

zaķis

猫头鹰

pūce

鸟

putns

天鹅

gulbis

野猪

meža cūka

鹿

briedis

麋鹿

alnis

水坝

aizsprosts

风力发电机

vēja ģenerators

太阳能电池板

saules baterija

气候

klimats

服务员
▶ viesmīlis

菜单
▶ ēdienkarte

椅子
▶ krēsls

披萨饼
pica

汤
zupa

餐具
galda piederumi

桌布
galdauts

前菜

uzkoda

主菜

pamatēdiens

甜点

deserts

饮料

dzērieni

食物

ēdiens

瓶子

pudele

快餐

ātrās uzkodas

街边小吃

ielu uzkodas

茶壶

tējkanna

糖盒

cukurtrauks

一份饭菜

porcija

意式咖啡机

espresso kafijas automāts

高脚椅

bāra krēsls

账单

rēķins

托盘

paplāte

刀

nazis

餐叉

dakša

勺子

karote

茶匙

tējkarote

餐巾

salvete

玻璃杯

glāze

碟子

šķīvis

汤盘

zupas šķīvis

碟子

apakštase

酱

mērce

盐瓶

sāls trauciņš

胡椒磨

piparu dzirnaviņas

醋

etiķis

食用油

eļļa

调味料

garšvielas

番茄酱

kečups

芥末

sinepes

蛋黄酱

majonēze

# 超市
# lielveikals

特价
piedāvājums

顾客
klients

乳制品
piena produkti

水果
augļi

购物车
iepirkumu ratiņi

肉铺
kautuve

面包房
maizes veikals

称重
svērt

蔬菜
dārzeņi

肉
gaļa

冷冻食品
saldēti produkti

冷盘

aukstās gaļas uzkodas

罐头食品

konservi

洗衣粉

pulveris

甜食

saldumi

日用品

mājsaimniecības preces

清洁用品

tīrīšanas līdzeklis

销售员

pārdevēja

收银机

kase

收银员

kasieris

购物清单

iepirkumu saraksts

开放时间

darba laiks

钱包

maks

信用卡

kredītkarte

袋子

soma

塑料袋

maisiņš

水

ūdens

果汁

sula

牛奶

piens

可乐

kola

红酒

vīns

啤酒

alus

酒

alkohols

可可

kakao

茶

tēja

咖啡

kafija

意式浓缩咖啡

espresso

卡布奇诺

kapučīno

香蕉

banāns

苹果

ābols

橙子

apelsīns

西瓜

melone

柠檬

citrons

胡萝卜

burkāns

大蒜

ķiploks

竹子

bambuss

洋葱

sīpols

蘑菇

sēne

坚果

rieksti

面条

makaroni

意大利面条

spageti

米饭

rīsi

沙拉

salāti

薯条

frī kartupeļi

炸土豆

cepti kartupeļi

披萨饼

pica

汉堡包

hamburgers

三明治

sviestmaize

炸猪排

šnicele

火腿

šķiņķis

萨拉米

salami

香肠

desa

鸡肉

vista

烤肉

cepetis

鱼

zivs

燕麦片

auzu pārslas

穆兹利

muslis

玉米片

brokastu pārslas

面粉

milti

羊角面包

radziņš

面包卷

brokastu maizītes

面包

maize

烤面包

tostermaize

饼干

cepumi

黄油

sviests

凝乳

biezpiens

蛋糕

kūka

蛋

ola

煎蛋

cepta ola

奶酪

siers

冰激凌

saldējums

糖

cukurs

蜂蜜

medus

果酱

marmelāde

巧克力酱

riekstu krēms

咖喱饭

karijs

农舍
zemnieka māja

粮仓
šķūnis

稻草捆
salmu rullis

田野
lauks

马
zirgs

拖车
piekabe

马驹
kumeļš

拖拉机
traktors

驴
ēzelis

羔羊
jērs

羊
aita

山羊

kaza

奶牛

govs

牛犊

teļš

猪

cūka

小猪

sivēns

公牛

bullis

鹅
zoss

鸭
pīle

小鸡
cālis

母鸡
vista

公鸡
gailis

鼠
žurka

猫
kaķis

老鼠
pele

牛
vērsis

狗
suns

狗屋
suņa būda

花园浇水软管
dārza šļūtene

洒水壶
lejkanna

长柄大镰刀
izkapts

犁
arkls

镰刀

sirpis

锄头

kaplis

长柄草耙

mēslu dakša

斧头

cirvis

独轮手推车

ķerra

饲料槽

sile

牛奶罐

piena kanna

麻布袋

maiss

栅栏

žogs

马厩

kūts

温室

siltumnīca

土壤

augsne

种子

sēklas

肥料

mēslojums

联合收割机

kombains

收割

novākt ražu

收割

raža

山药

jamss

小麦

kvieši

大豆

soja

土豆

kartupelis

玉米

kukurūza

油菜籽

rapsis

果树

augļu koks

树薯

manioka

谷物

labība

烟囱
skurstenis

屋顶
jumts

落水管
lietus noteka

窗户
logs

车库
garāža

门铃
durvju zvans

门
durvis

垃圾桶
atkritumu spainis

信箱
pastkastīte

花园
dārzs

客厅

viesistaba

浴室

vannas istaba

厨房

virtuve

卧室

guļamistaba

儿童房

bērnu istaba

餐厅

ēdamistaba

地板
grīda

墙壁
siena

吊顶
griesti

地窖
pagrabs

桑拿
sauna

阳台
balkons

露台
terase

游泳池
baseins

割草机
zāles pļāvējs

被单
gultas veļa

床罩
sega

床
gulta

扫帚
slota

水桶
spainis

开关
slēdzis

壁纸
tapetes

照片
attēls

台灯
lampa

搁架
plaukts

橱柜
skapis

电视机
televizors

壁炉
kamīns

花
puķe

垫子
spilvens

沙发
dīvāns

花瓶
vāze

遥控器
tālvadības pults

地毯

paklājs

窗帘

aizkars

餐桌

galds

椅子

krēsls

摇椅

šūpuļkrēsls

扶手椅

atpūtas krēsls

书

grāmata

毯子

sega

装饰品

dekorācija

木柴

malka

电影

filma

高保真音响

mūzikas centrs

钥匙

atslēga

报纸

avīze

油画

glezna

海报

plakāts

收音机

radio

笔记本

pierakstu blociņš

吸尘器

putekļu sūcējs

仙人掌

kaktuss

蜡烛

svece

冰箱
ledusskapis

微波炉
mikroviļņu krāsns

厨房秤
virtuves svari

烤面包机
tosteris

洗洁精
tīrīšanas līdzekļi

冰柜
saldēšanas kamera

烤箱
cepeškrāsns

垃圾桶
atkritumu spainis

洗碗机
trauku mazgājamā mašīna

炊具

plīts

锅

pods

铸铁锅

katls

炒锅

Wok panna

平底锅

panna

水壶

elektriskā tējkanna

蒸锅

tvaika katls

烤盘

cepešpanna

陶瓷锅

trauki

马克杯

krūze

碗

bļoda

筷子

irbulīši

长柄勺

kauss

铲子

lāpstiņa

搅拌器

putošanas slotiņa

滤网

sietiņš

筛子

siets

磨碎机

rīve

研钵

piesta

烧烤

grilēt

明火

atklāts pavards

菜板

dēlis

擀面杖

mīklas rullis

开瓶器

korķu viļķis

罐子

bundža

开罐器

konservu nazis

隔热手套

virtuves cimdi

水槽

izlietne

刷子

birste

海绵

sūklis

搅拌机

mikseris

冷藏箱

saldētava

奶瓶

bērna pudelīte

水龙头

ūdenskrāns

供暖设备
apkure

淋浴
duša

毛巾
dvielis

浴帘
dušas aizkari

泡沫浴
vannas putas

浴缸
vanna

玻璃杯
glāze

洗衣机
veļas mašīna

瓷砖
flīzes

水龙头
ūdenskrāns

便壶
podiņš

水槽
izlietne

厕所
tualetes pods

蹲便器
Āzijas tipa tualete

坐浴器
bidē

小便池
pisuārs

厕纸
tualetes papīs

马桶刷
tualetes birste

牙刷
zobu birste

牙膏
zobu pasta

牙线
zobu diegs

洗
mazgāt

手持式喷淋头
rokas duša

冲洗器
duša

洗脸盆
bļoda

擦背刷
muguras mazgāšanas birste

肥皂
ziepes

沐浴露
dušas želeja

洗发水
šampūns

法兰绒
mazgāšanas drāna

排水
noteka

乳霜
krēms

除臭剂
dezodorants

镜子
spogulis

手镜
spogulītis

剃须刀
skuveklis

剃须泡沫
skūšanās putas

须后水
losjons pēc skūšanās

梳子
ķemme

刷子
matu suka

吹风机
matu fēns

喷发定型剂
matu laka

化妆品
grima komplekts

唇膏
lūpu krāsa

指甲油
nagulaka

化妆棉
vate

指甲剪
šķērītes

香水
smaržas

洗漱包

kosmētikas maks

凳子

ķeblītis

计重秤

svari

浴袍

halāts

橡胶手套

tīrīšanas cimdi

卫生棉条

tampons

卫生巾

pakete

化学厕所

ķīmiskā tualete

闹钟
modinātājs

毛绒玩具
mīkstā rotaļlieta

玩具车
spēļu automašīna

拨浪鼓
grabulis

玩具屋
leļļu māja

礼物
dāvana

气球

balons

床

gulta

（洋娃娃用）婴儿车

bērnu ratiņi

扑克牌

kārtis

拼图

puzle

漫画

komikss

乐高积木

LEGO klucīši

积木玩具

klucīši

玩具人

varoņu figūra

婴儿服

rāpulītis

飞盘

lidojošais šķīvītis

床铃玩具

muzikālais karuselis

棋盘游戏

galda spēle

骰子

metamais kauliņš

火车模型

rotaļu dzelzceļš

安抚奶嘴

māneklis

聚会

ballīte

绘本

bilžu grāmata

球

bumba

洋娃娃

lelle

玩

spēlēt

沙坑

smilšu kaste

秋千

šūpoles

玩具

rotaļlietas

游戏机

spēļu konsole

三轮车

trīsritenis

泰迪熊

plīša lācītis

衣柜

drēbju skapis

# 衣服
## apģērbs

袜子

īszeķes

长袜

zeķes

紧身裤

zeķbikses

围巾
šalle

雨伞
lietussargs

T恤
T-krekls

皮带
siksna

靴子
zābaks

拖鞋
čības

运动鞋
botas

凉鞋
sandales

鞋
kurpes

雨靴
gumijas zābaki

内裤
apakšbikses

胸罩
krūšturis

背心
apakškrekls

衣服 - apģērbs 45

身体

bodijs

裤子

bikses

牛仔裤

džinsi

短裙

svārki

女式衬衫

blūze

衬衫

krekls

套头衫

pulovers

卫衣

džemperis

西装夹克

žakete

夹克

jaka

外套

mētelis

雨衣

lietus mētelis

套装

kostīms

连衣裙

kleita

婚纱

kāzu kleita

西装
uzvalks

睡袍
naktskrekls

睡衣
pidžama

莎丽
sari

头巾
lakats

包头巾
turbāns

波卡
burka

卡夫坦
kaftāns

(阿拉伯式)长袍长袍
abaja

泳衣
peldkostīms

男式泳裤
peldbikses

短裤
šorti

运动服
treniņtērps

围裙
priekšauts

手套
cimdi

纽扣

poga

眼镜

brilles

手链

rokassprādze

项链

kaklarota

戒指

gredzens

耳环

auskars

便帽

cepure

衣架

drēbju pakaramais

帽子

platmale

领带

kaklasaite

拉链

rāvējslēdzējs

头盔

ķivere

背带

bikšturi

校服

skolas forma

制服

uniforma

围兜

priekšautiņš

安抚奶嘴

māneklis

尿不湿

autiņbiksītes

服务器
serveris

文件柜
dokumentu skapis

打印机
printeris

纸
papīrs

显示屏
monitors

办公桌
rakstāmgalds

鼠标
pele

文件夹
dokumentu vāki

键盘
klaviatūra

废纸篓
papīrgrozs

电脑
dators

椅子
krēsls

咖啡杯

kafijas krūze

计算器

kalkulators

因特网

internets

笔记本电脑

portatīvais dators

信件

vēstule

消息

ziņa

手机

mobilais tālrunis

网络

tīkls

复印机

kopētājs

软件

programmatūra

电话

telefons

插座

rozete

传真机

faksa aparāts

表格

formulārs

文件

dokuments

买
pirkt

付钱
samaksāt

交易
tirgot

现金
nauda

美元
dolārs

欧元
eiro

日元
jēna

卢布
rublis

瑞士法郎
franks

人民币
juaņa renminbi

卢比
rūpija

提款处
bankomāts

外币兑换处

valūtas maiņas punkts

金

zelts

银

sudrabs

石油

nafta

能源

enerģija

价格

cena

合同

līgums

税金

nodoklis

股票

akcija

工作

strādāt

职员

darbinieks

老板

darba devējs

工厂

fabrika

商店

veikals

警官
policists

消防员
ugunsdzēsējs

厨师
pavārs

医生
ārsts

飞行员
pilots

园丁

dārznieks

木匠

galdnieks

裁缝

šuvēja

法官

tiesnesis

化学家

ķīmiķis

演员

aktieris

公交车司机

autobusa vadītājs

出租车司机

taksometra vadītājs

渔夫

zvejnieks

清洁女工

apkopēja

屋顶工

jumiķis

服务员

viesmīlis

猎人

mednieks

画家

gleznotājs

面包师

maiznieks

电工

elektriķis

建筑工人

celtnieks

工程师

inženieris

屠夫

miesnieks

水管工

skārdnieks

邮递员

pastnieks

士兵

karavīrs

建筑师

arhitekts

收银员

kasieris

花农

florists

理发师

frizieris

售票员

konduktors

机械师

mehāniķis

船长

kapteinis

牙医

zobārsts

科学家

zinātnieks

拉比

rabīns

伊玛目

imāms

和尚

mūks

牧师

mācītājs

铁锤
āmurs

钳子
knaibles

螺丝刀
skrūvgriezis

扳手
uzgriežņu atslēga

手电筒
kabatas lukturīt

挖掘机

ekskavators

工具箱

instrumentu kaste

梯子

kāpnes

锯子

zāģis

钉子

naglas

钻机

urbis

修
remontēt

铲子
lāpsta

靠！
Velns!

簸箕
liekšķere

油漆桶
krāsas bundža

螺丝
skrūves

## 乐器

## mūzikas instrumenti

扬声器
skaļrunis

打击乐器
bungas ◢

吉他
ģitāra ◢

低音提琴
kontrabass

小号
trompete

**钢琴**

klavieres

**小提琴**

vijole

**贝斯**

bass

**定音鼓**

timpāni

**鼓**

bungas

**电子琴**

digitālās klavieres

**萨克斯管**

saksofons

**长笛**

flauta

**麦克风**

mikrofons

# 动物园

## zooloģiskais dārzs

入口
ieeja

老虎
tīģeris

笼子
būris

斑马
zebra

动物饲料
dzīvnieku barība

熊猫
panda

动物

dzīvnieki

大象

zilonis

袋鼠

ķengurs

犀牛

degunradzis

大猩猩

gorilla

熊

lācis

骆驼

kamielis

鸵鸟

strauss

狮子

lauva

猴子

pērtiķis

火烈鸟

flamings

鹦鹉

papagailis

北极熊

polārlācis

企鹅

pingvīns

鲨鱼

haizivs

孔雀

pāvs

蛇

čūska

鳄鱼

krokodils

动物园管理员

zoodārza sargs

海豹

ronis

美洲豹

jaguārs

矮种马

ponijs

豹

leopards

河马

nīlzirgs

长颈鹿

žirafe

老鹰

ērglis

野猪

meža cūka

鱼

zivs

龟

bruņurupucis

海象

valzirgs

狐狸

lapsa

羚羊

gazele

橄榄球
amerikāņu futbols

骑自行车
riteņbraukšana

网球
teniss

篮球
basketbols

游泳
peldēšana

拳击
bokss

冰球
hokejs

英式足球
futbols

羽毛球
badmintons

田径
vieglatlētika

手球
rokas bumba

滑雪
slēpošana

马球
polo

跳
lēkt

拥抱
apskaut

笑
smieties

走路
iet

唱
dziedāt

做梦
sapņot

祈祷
lūgt

亲吻
skūpstīt

书写
rakstīt

画
zīmēt

展示
rādīt

推
spiest

给
dot

拿
ņemt

活动 - darbības 63

有
........
būt

做
........
darīt

当
........
būt

站
........
stāvēt

跑
........
skriet

拉
........
vilkt

扔
........
mest

摔倒
........
krist

躺
........
gulēt

等待
........
gaidīt

携带
........
nest

坐
........
sēdēt

穿衣
........
uzģērbt

睡觉
........
gulēt

醒来
........
pamosties

看

skatīties

哭

raudāt

抚摸

glāstīt

梳头

ķemmēt

交谈

runāt

明白

saprast

问

jautāt

听

dzirdēt

喝

dzert

吃

ēst

清理

sakārtot

爱

mīlēt

做饭

vārīt

开车

braukt

飞

lidot

活动 - darbības

航行

burot

计算

rēķināt

读

lasīt

学习

mācīties

工作

strādāt

结婚

precēties

缝

šūt

刷牙

tīrīt zobus

杀

nogalināt

抽烟

smēķēt

寄

sūtīt

祖母
vecāmāte

祖父
vectēvs

父亲
tēvs

母亲
māte

婴童
mazulis

女儿
meita

儿子
dēls

客人

viesis

阿姨

tante

叔叔

onkulis

兄弟

brālis

姐妹

māsa

前额
piere

眼睛
acs

肩膀
plecs

手指
pirksts

脸
seja

下巴
zods

手
roka

乳房
krūtis

腿
kāja

手臂
roka

婴童

mazulis

男人

vīrietis

女人

sieviete

女孩

meitene

男孩

zēns

头

galva

背部
mugura

肚子
vēders

肚脐
naba

脚趾
kājas pirksts

脚后跟
papēdis

骨头
kauls

臀部
gurns

膝盖
celis

手肘
elkonis

鼻子
deguns

屁股
dibens

皮肤
āda

脸颊
vaigs

耳朵
auss

嘴唇
lūpa

嘴
mute

牙齿
zobs

舌头
mēle

脑
smadzenes

心脏
sirds

肌肉
muskulis

肺
plaušas

肝脏
aknas

胃
kuņģis

肾脏
nieres

性交
dzimumakts

避孕套
kondoms

卵子
olšūna

精子
sperma

怀孕
grūtniecība

月经

menstruācijas

阴道

vagīna

阴茎

penis

眉毛

uzacs

头发

mati

脖子

kakls

医院
slimnīca

救护车
ātrā palīdzība

轮椅
ratiņkrēsls

骨折
lūzums

医生

ārsts

急诊室

neatliekamās palīdzības nodaļa

护士

medmāsa

紧急情况

ārkārtas gadījums

昏迷

paģībis

痛

sāpes

受伤
ievainojums

出血
asiņošana

心脏病发作
sirdslēkme

中风
insults

过敏
alerģija

咳嗽
klepus

发烧
temperatūra

流感
gripa

腹泻
caureja

头痛
galvassāpes

癌症
vēzis

糖尿病
diabēts

外科医生
ķirurgs

手术刀
skalpelis

手术
operācija

CT
datortomogrāfija

X光
rentgents

超声波
ultraskaņa

口罩
sejas maska

疾病
slimība

候诊室
uzgaidāmā telpa

拐杖
kruķis

石膏
plāksteris

绷带
apsējs

注射
injekcija

听诊器
stetoskops

担架
nestuves

体温计
termometrs

出生
dzemdības

超重
liekais svars

助听器

dzirdes aparāts

消毒液

dezinfekcijas līdzeklis

感染

infekcija

病毒

vīruss

艾滋病

HIV / AIDS

药物

zāles

接种疫苗

pote

药片

tabletes

药丸

pretapaugļošanās tablete

急救电话

ārkārtas izsaukums

血压计

asinsspiediena mērītājs

生病/健康

slims / vesels

救命！

Palīgā!

警报

trauksme

突击

uzbrukums

攻击

uzbrukums

危险

bīstamība

紧急出口

avārijas izeja

着火啦！

Uguns!

灭火器

ugunsdzēšamais aparāts

意外

negadījums

急救箱

pirmās palīdzības aptieciņa

呼救信号

SOS

警察

policija

欧洲

Eiropa

北美洲

Ziemeļamerika

南美洲

Dienvidamerika

非洲

Āfrika

亚洲

Āzija

澳洲

Austrālija

大西洋

Atlantijas okeāns

太平洋

Klusais okeāns

印度洋

Indijas okeāns

南冰洋

Dienvidu okeāns

北冰洋

Ziemeļu ledus okeāns

北极

Ziemeļpols

南极

Dienvidpols

南极洲

Antarktika

地球

zeme

陆地

zeme

海

jūra

岛

sala

国家

nācija

国家

valsts

钟面

ciparnīca

时针

stundu rādītājs

分针

minūšu rādītājs

秒针

sekunžu rādītājs

现在几点？

Cik ir pulkstenis?

天

diena

时间

laiks

现在

tagad

电子表

digitālais pulkstenis

分

minūte

时

stunda

周一 pirmdiena
周二 otrdiena
周三 trešdiena
周四 ceturtdiena
周五 piektdiena
周六 sestdiena
周日 svētdiena

昨天
vakardien

今天
šodien

明天
rītdien

早晨
rīts

中午
pusdienlaiks

晚上
vakars

| MO | TU | WE | TH | FR | SA | SU |
|----|----|----|----|----|----|----|
| 1 | 2 | 3 | 4 | 5 | 6 | 7 |
| 8 | 9 | 10 | 11 | 12 | 13 | 14 |
| 15 | 16 | 17 | 18 | 19 | 20 | 21 |
| 22 | 23 | 24 | 25 | 26 | 27 | 28 |
| 29 | 30 | 31 | 1 | 2 | 3 | 4 |

工作日
darbadienas

周末
brīvdienas

雨
lietus

彩虹
varavīksne

风
vējš

雪
sniegs

春
pavasaris

夏
vasara

秋
rudens

冬
ziema

天气预报

laika prognoze

温度计

termometrs

阳光

saules gaisma

云

mākonis

雾

migla

潮湿

gaisa mitrums

闪电

zibens

打雷

pērkons

风暴

vētra

冰雹

krusa

季风

musons

洪水

plūdi

冰

ledus

一月

janvāris

二月

februāris

三月

marts

四月

aprīlis

五月

maijs

六月

jūnijs

七月

jūlijs

八月

augusts

九月

septembris

十月

oktobris

十一月

novembris

十二月

decembris

# 形状

## formas

圆形

aplis

正方形

kvadrāts

长方形

četrstūris

三角形

trīsstūris

球体

lode

立方体

kubs

白

balts

黄

dzeltens

橙

oranžs

粉

sārts

红

sarkans

紫

lillā

蓝

zils

绿

zaļš

棕

brūns

灰

pelēks

黑

melns

**很多/少许**

daudz / maz

**生气/平静**

saniknots / miermīlīgs

**美/丑**

skaists / neglīts

**首/尾**

sākums / beigas

**大/小**

liels / mazs

**明/暗**

gaišs / tumšs

**兄弟/姐妹**

brālis / māsa

**干净/肮脏**

tīrs / netīrs

**完整/缺失**

pilnīgs / nepilnīgs

**白天/晚上**

diena / nakts

**死/生**

miris / dzīvs

**宽/窄**

plats / šaurs

**可食用/非食用**

baudāms / nebaudāms

**邪恶/善良**

nikns / laipns

**兴奋/无聊**

satraukts / garlaikots

**胖/瘦**

resns / tievs

**第一/最后**

pirmais /pēdējais

**朋友/敌人**

draugs / ienaidnieks

**满/空**

pilns / tukšs

**硬/软**

ciets / mīksts

**重/轻**

smags / viegls

**饿/渴**

izsalkums / slāpes

**生病/健康**

slims / vesels

**非法/合法**

nelegāls / legāls

**聪明/愚笨**

inteliģents / dumjš

**左/右**

kreisais / labais

**近/远**

tuvu / tālu

新/旧

jauns / lietots

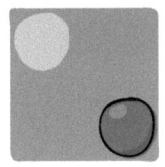

没有/有些

nekas / kaut kas

老/幼

vecs / jauns

开/关

ieslēgts / izslēgts

打开/合上

atvērts / slēgts

安静/吵闹

kluss / skaļš

富/穷

bagāts / nabags

对/错

pareizi / nepareizi

粗糙/光滑

raupjš / gluds

伤心/高兴

noskumis / laimīgs

短/长

īss / garš

慢/快

lēns / ātrs

湿/干

slapjš / sauss

温暖/凉爽

silts / vēss

战争/和平

karš / miers

**0**

零

nulle

**1**

一

viens

**2**

二

divi

**3**

三

trīs

**4**

四

četri

**5**

五

pieci

**6**

六

seši

**7**

七

septiņi

**8**

八

astoņi

**9**

九

deviņi

**10**

十

desmit

**11**

十一

vienpadsmit

**12**

十二
divpadsmit

**13**

十三
trīspadsmit

**14**

十四
četrpadsmit

**15**

十五
piecpadsmit

**16**

十六
sešpadsmit

**17**

十七
septiņpadsmit

**18**

十八
astoņpadsmit

**19**

十九
deviņpadsmit

**20**

二十
divdesmit

**100**

百
simts

**1.000**

千
tūkstotis

**1.000.000**

百万
miljons

英语

angļu

美式英语

amerikāņu angļu

普通话

ķīniešu mandarīnu valoda

印地语

hindi

西班牙语

spāņu

法语

franču

阿拉伯语

arābu

俄语

krievu

葡萄牙语

portugāļu

孟加拉语

bengāļu

德语

vācu

日语

japāņu

我

es

你

tu

他/她/它

viņš / viņa

我们

mēs

你们

jūs

他们

viņi / viņas

谁？

kas?

什么？

ko?

怎样？

kā?

哪里？

kur?

什么时候？

kad?

名字

vārds

后面

aiz

里面

iekšā

前面

priekšā

上方

virs

上面

uz

下面

zem

旁边

blakus

中间

starp

地点

vieta